◆印は不明確な年号、ころの意味です。

文化	世界の動き	西暦
1634 中江藤樹、近江で教化に従う	1632 ガリレオ『天文対話』	1630
1635 狩野探幽『東照宮縁起絵巻』		
1636 日光東照宮完成		
1639 江戸場内紅葉山に書庫を（設ける）		
	1653 パスカル、パスカルの原理発見	
1657 徳川光圀『大日本史』編集に着手		
1662 伊藤仁斎、古義堂を開く	1665 ニュートン、万有引力の法則発見	
1670◆菱川師宣、浮世絵をはじめる		
1671 山崎闇斎、垂下神道を唱える		
1672 徳川光圀、彰考館を開く	1673 清=三藩の乱	
1682 井原西鶴『好色一代男』		
1685 松尾芭蕉『野ざらし紀行』	1688 イギリス=名誉革命	
1692 井原西鶴『世間胸算用』		
1694 松尾芭蕉『奥の細道』		
1703 近松門左衛門『曾根崎心中』		1700
1709 貝原益軒『大和本草』	1707 大ブリテン王国成立	
1715 新井白石『西洋紀聞』		
	1715◆ヘンデル『水上の音楽』	
1729 石田梅岩、京都で心学を提唱		
1732 室鳩巣『駿台雑話』	1752 フランクリン、避雷針を発明	
1740 青木昆陽、オランダ語を学ぶ		
1757 賀茂真淵『冠辞考』	1757 インド=プラッシーの戦い	
1760◆鈴木春信、錦絵をはじめる		
1764 平賀源内、火浣布を発明		
1766 円山応挙『雪松図屏風』	1775 アメリカ独立戦争（—1783）	
1774 杉田玄白『解体新書』		
1776 平賀源内、エレキテルを完成	1780 ペスタロッチ『隠者の夕暮れ』	1780

目　次

新井白石	文・有吉忠行 絵・岩本暁顕	6
徳川吉宗	文・有吉忠行 絵・鮎川　万	20
平賀源内	文・有吉忠行 絵・岩本暁顕	34
中江藤樹	文 有吉忠行　絵 福田トシオ	48
河村瑞賢	文 有吉忠行　絵 福田トシオ	50
菱川師宣	文 有吉忠行　絵 福田トシオ	52
三井高利	文 有吉忠行　絵 福田トシオ	54
天草四郎	文 加藤貞治　絵 高瀬克嗣	56
徳川光圀	文 有吉忠行　絵 福田トシオ	58
貝原益軒	文 はやしたかし　絵 足立一夫	60
読書の手びき	文 子ども文化研究所	62

せかい伝記図書館　26

新井白石
徳川吉宗
平賀源内

いずみ書房

新井白石
あらい はくせき
（1657—1725）

学問を愛しつづけ、将軍につかえて正しい政治をおし進めた江戸時代中ごろの学者。

● 頭から水をかぶって手習い

　1657年1月18日の江戸に、およそ10万人が焼け死ぬ火事が起こりました。明暦3年のことだったので、のちに明暦の大火とよばれるようになった大火事です。
　新井白石は、この大火のすぐあとに、まるで焼け野原となった江戸に生まれました。
　父は、上総国（千葉県）の久留里藩につかえる武士でした。足軽から出世して白石が生まれたころには、藩の武士たちのおこないをかん視する目付役になっていました。
　大火事の年に生まれたので「この子は、火の子だ」とよばれながら育った白石は、幼いころから、本がすきでした。3歳のときには文字をおぼえ、6歳になると、むずかしい詩をいつのまにか暗記して、父や母をおどろかせたとつたえられています。

　9歳のとき、父のいいつけで、文字の手習いを始めました。人からおそわるのではありません。すみをふくませた筆で、紙になん度でも書くことによって、1字1字おぼえていくのです。
「ひるのあいだに3000字、夜は1000字だ」
　まい日、4000字ずつの手習いをきめました。夜、ねむくなると、どんなに寒い日でも頭から水をかぶって、がんばりつづけました。そして13歳になったころには、久留里藩主土屋利直や父のかわりに、たいせつな手紙を書くほどになりました。
　白石は、ものおぼえのよい子どもでしたが、けっして

生まれながらの天才ではありませんでした。
「苦しいことに負けてはだめだ。いちど決心したことはくじけずに最後までやりとおせ」
 この父の教えを守り、人のなん倍も努力をかさね、心にきめたことをひとつずつ、なしとげていきました。学問だけではなく武芸にもはげみ、剣術の試合で5歳も年上の少年をうち負かしたこともありました。
 藩主にも両親にもかわいがられ、自由に学問ができた少年時代の白石は、たいへん、しあわせでした。
 ところが、このしあわせは、白石が22歳になったときにくずれてしまいました。
 それまでの藩主が亡くなると、父も白石も新しい藩主につめたくあつかわれるようになり、さらに藩主の家の権力争いにまきこまれたふたりは、ついに藩をやめさせられてしまったのです。
 そのうえ、貧しい浪人生活に入ってまもなく、それまで白石をはげましつづけてくれた母が、とつぜん病気で亡くなってしまいました。

● 浪人になって学問に励む

「生活はどんなに苦しくても、学問だけはすてるものか」
 白石は、人からたのまれた文を書いてわずかなお金に

かえながら、勉強をつづけました。

　ちょうどこのころのこと、大金持ちの商人の河村瑞賢から「わたしのまごむすめと、けっこんしてくれないか。承知してくれれば学費3000両をさしあげる」という話がありました。

　しかし、白石は、きっぱりとことわりました。やがて自分がりっぱな学者になったとき、白石が成功したのは嫁が持ってきた3000両のおかげだ、といわれるのがいやだったからです。

　母が亡くなってから2年がすぎ、25歳になった白石は、人のすすめで幕府の大老役をつとめていた堀田正俊につ

かえ、まもなく、学問をこのむ武士のむすめを妻にむかえました。ところが、やがて大老が江戸城で暗殺されて堀田家はおとろえ、大老につかえていた武士たちは、わずかな俸禄（給料）しかもらえなくなってしまいました。
「このままでは妻を苦しめ、学問もできなくなる」
　白石は34歳で堀田家につかえるのをやめて、12年まえと同じように浪人になりました。そして、江戸の隅田川のほとりで塾をひらきました。
　そのころ白石は、塾に集まった人びとに書を教えるかたわら、自分は、有名な学者の木下順庵のところへかよって新しい学問を学び、順庵の1、2番の弟子といわれるようになっていました。
　そんなある日、白石は、順庵からうれしい話を聞かされました。すぐれた学問を身につけた白石を、北陸の加賀藩へ推せんしたいというのです。
　ところが白石は、この話を加賀に母ひとりを残したままだという友人に、ゆずってしまいました。
「自分が生活に困っているというのに、なんと温かい思いやりなんだろう」
　白石は、順庵からも友人たちからも、やさしい心をほめたたえられ、ますますおおくの人にそんけいされるようになりました。

●将軍を助けて進めた正しい政治

「白石のような人物を、このままにしておくのは、やはり惜しい」
　加賀藩への仕官を友人にゆずったつぎの年、36歳の白石は、もういちど順庵のすいせんで甲府藩（山梨県）につかえ、藩主の徳川綱豊に学問を教えることになりました。
　綱豊は学問をたいせつにする藩主でした。すでに30歳になるりっぱな大名でしたが、いつも白石を師とあおいで、しんけんに講義を聞きました。
　白石も、学問を愛する綱豊を心からそんけいしました。

そして、10数年のあいだ、江戸屋敷の綱豊のもとへかよって、中国の孔子がまとめたといわれる『詩経』や『書経』などを説きつづけました。
　1709年、52歳の白石に、大きな道がひらけました。
　江戸幕府の第5代将軍綱吉が亡くなると、そのおいにあたる綱豊が名を家宣と改めて第6代将軍の位につき、白石は政治の相談役として家宣につかえたまま、江戸城へ入ることになったのです。
　綱吉が将軍をつとめたときは元禄時代とよばれ、学問や文化や産業は栄えましたが、将軍のわがままな政治で世の中はみだれていました。そこで白石は、家宣に進言して、まず政治を正すことから始めました。
　第1ばんに、綱吉が発していた「生類あわれみの令」を、はい止しました。
　自分がいぬ年生まれだった綱吉は、とくに、犬を殺したり傷つけたりすることにきびしく、このおきてをやぶったものはとらえて、おもい刑罰をあたえていました。しかも、自分が死んでも、このおきてはやめてはならないという、ゆい言を残していました。
　白石は、綱吉のこの悪政で町人や農民が苦しめられていることに、以前から心をいためていたのです。このおきてのはい止で、そのとき罰せられていた8000人あま

りの人びとが助けられたということです。

●朝鮮とのまじわりを正す

　礼儀を重んじた白石は、江戸幕府が始まっていらい大名の心得として定められていた武家諸法度を改め、すべての藩で、礼儀をわきまえた正しい政治がおこなわれるようにしました。若いころから、道徳のたいせつさを説いた中国の儒学を学んできた白石は、武士の力で国をおさめるよりも、学問の力で政治を進めていくことを、たいせつに考えたのです。

　つぎに、国の経済のみだれをたてなおすために、貨へ

いのつくりかえを実行しました。

　綱吉の時代から純度の低い金銀貨へいがたくさんでまわり、そのためお金のねうちがさがり、物のねだんがあがって、人びとの生活が苦しくなっていたからです。

　ところが白石は、この貨へいつくりかえのとき、幕府の財政をつかさどる勘定奉行の荻原重秀が、商人からわいろをもらっているのをつきとめました。

「役人の不正は、ぜったいに、ゆるすことはできない」

　白石は家宣にうったえて重秀をやめさせてしまい、商人とむすびついた不正はきびしくとりしまることを、幕府の役人たちにはっきりと示しました。

　悪奉行を追いはらったあと、質のよい新しい貨へいは白石がかんとくをしてつくり終えました。そして、このとき日本の金や銀が長崎の港からたくさん海外に流れていることを知った白石は、輸出を制限する新しい法を定めて、日本のきちょうな財産がすくなくなっていくのをくいとめました。そのうえ、この新しい法の定めは、金や銀のかわりに輸出するものを作りだすために、各地に残る伝統産業を活発にさせ、藩の財政をうるおしました。

「国と国とのまじわりは、対等でなければならない」

　大名や武士の礼儀だけではなく、国の礼儀も正しくなければいけないと考えた白石は、朝鮮国王からの使者の

むかえかたも改めました。
　それまでの朝鮮の使者がたずさえてきた国書には、幕府の将軍のことが「日本国大君」と書かれていました。ところが朝鮮の言葉で大君というのは、王のまごという意味でした。そこで白石は、それを日本国王と改めさせて、日本と朝鮮は対等だということを、はっきりさせたのです。また、数百人もの使者をもてなすお金をきりつめ、幕府の苦しい財政をすこしでも助けました。

●罪人から学んだ西洋のようす

　白石は、金や銀の輸出には目を光らせ、朝鮮とのまじ

わりにはきびしい態度をしめしましたが、けっして、外国に目をむけるのをきらったのではありませんでした。

1708年の9月、大隅国（鹿児島県）屋久島の海岸に、イタリア人の宣教師シドッチが、ローマ法王の命令をうけてしのびこんできました。

そのころの日本は、幕府がだしたキリスト教禁制によって、日本人がキリスト教を信仰することも、外国からキリスト教を広める宣教師が渡ってくることも、固く禁じられていました。だから、シドッチはたちまちとらえられ、江戸へおくられてきました。そして、白石がとりしらべにあたりました。

「年老いた母がいるそうだが、故国へ帰りたくはないか」

白石は、やせほそったシドッチをいたわるようにして声をかけました。やがて、罪人のとりしらべということを忘れて、ヨーロッパの国ぐにのこと、政治や学問や宗教のこと、それに人びとの生活や地理などを、つぎからつぎにたずねました。

すると、シドッチは、たとえ罪人でも人格だけはそんちょうしようとする白石の心がよくわかり、なんでもうちあけ、どんなことでもくわしく語って聞かせました。このときは、シドッチが先生で白石が弟子のようだったといわれています。

　外国のことを本で学んでいた白石は、自分が想像していたことが、どれほど正しいかをたしかめ、さらに、新しいことをシドッチから学びたかったのです。
　とりしらべが終わったシドッチは、ほんとうは、はりつけの刑か打ち首になるところでしたが、こんな学問のある人間を殺しては惜しいと考えた白石が、将軍にねがいでて命だけは助けられました。そして、のちにシドッチから聞いたことをまとめて『西洋紀聞』という本を世に残しました。
　『西洋紀聞』は、キリスト教のことがたくさん書かれていたため、広く世にだすことはゆるされませんでした。

しかし、外国との交わりを閉じていた鎖国の時代に、世界のことを日本人に知らせる大きな役割を果たしました。

●幕府を追われて本を残す

白石は、家宣が1712年に亡くなったのちは、第7代将軍徳川家継につかえていましたが、その家継がわずか7歳で世を去って吉宗が第8代将軍になると、江戸城をしりぞきました。

政治のしくみのほか、裁判のしかたも改めるなど、正しいと思うことをどしどしと進めた白石には、いつも幕府のなかに敵がいました。そのうえ吉宗は、政治を家臣にまかせず、自分の力で進めていこうとする性格の将軍であったために、政治を助ける役の白石は、幕府での職をめしあげられてしまったのです。

59歳で幕府を去った白石は、学問の道にもどりました。そして、日本の歴史や、宗教や、言葉などの研究をつづけ、次つぎに本を著わしていきました。なかでも日本の古代の研究に最も力をそそいで『古史通』『古史通或問』などを書きあげ、のちに「白石は、明治よりもまえの時代では日本最大の歴史学者だ」と、たたえられるようになりました。

また、幼いころから詩や物語がすきだった白石は文学

にもすぐれ、自分の生涯をつづった『折たく柴の記』は、伝記としてきちょうなだけではなく、すばらしい文学として長く読みつがれました。

　学問がすきだった白石には、幕府をやめてからの生活が、生涯のうちで最も充実していたのかもしれません。しかし、それも10年しかつづかず、1725年に、68歳の人生を終えてしまいました。

　子どものころ火の子とよばれた白石の一生は、ほんとうに、いつも情熱を燃やしつづけたはげしいものでした。しかし、自分の学問の力をじまんしたことは、けっしてなかったということです。

> # とくがわよしむね
> # 徳川吉宗
> ## （1684―1751）
>
> けんやくをしょう励して「享保の改革」を行ない、江戸幕府をたてなおした第8代将軍。

● 21歳で紀州藩55万石の大名に

「おとろえかけていた幕府をたてなおした名君」

のちに、このようにたたえられるようになった徳川吉宗は、江戸幕府の第8代めの将軍です。

徳川家康が亡くなるすこしまえに、家康の子どもたちによって新しくおこされた水戸（茨城県）、尾張（愛知県）、紀州（和歌山県）の3つの藩を、徳川御三家とよんでいます。吉宗は、その紀州藩の第2代めの藩主徳川光貞の4男として、生まれました。

生まれつきからだが大きかった吉宗は、性格もおおらかでした。

あるとき、父が、刀のつばをたくさんおさめた箱を取りだし、子どもたちに、どれでもすきなものをあたえるから、取るようにいいました。

　兄たちは、よろこんで自分のすきなつばを選びました。
　しかし、吉宗は、うしろにすわったまま手をだそうとはしません。ふしぎに思った父は、そのわけをたずねました。すると吉宗は、きっぱりと答えました。
「わたしは、兄たちが選んだのこりのつばを、箱ごといただこうと思っております」
　これを聞いた父は、吉宗の大きな心に感心してほんとうに箱ごとあたえてしまいました。自分のへやにもどった吉宗は、箱の中のつばをひとつ残らず、けらいたちにわけてやったということです。
　1697年、13歳の吉宗は分家させられて越前国（福

井県）3万石の藩主になりました。

ところが、そののち父の光貞につづいて兄たちも次つぎに亡くなったため、8年ごにはふたたび本家へ帰り、紀州藩55万石のあとをつぎました。

吉宗がたとえ家康のひまごであっても、4男であれば分家させられたままになるのがふつうでしたが、兄たちの死が、吉宗の道を大きく変えさせたのです。

そのころの紀州は、農作物のできの悪い年がつづいて、おおくの人びとが貧しい暮らしにあえいでいました。しかし、21歳で大名となった吉宗は、自分から進んでけんやくをする政治で藩をすくい、またたくまに、けらいからも農民や町人たちからも「かしこいとのさま」と、あおがれるようになりました。

●第8代将軍になりけんやくをしょう励

1716年、31歳になった吉宗の将来は、さらに大きくひらけました。幕府の第7代将軍家継がわずか7歳で亡くなると、吉宗は、紀州藩での政治の力がみとめられて、徳川第8代の将軍にむかえられたのです。

徳川家康が、朝廷から武士の位として最高の征夷大将軍に任じられ、1603年に江戸に幕府をひらいてから113年めの春、若く元気な将軍吉宗は江戸城から天下

を見わたして、きびしい政治にとりかかりました。
「幕府の財政が苦しくなっている。これは、政治をおこなうものの心も、国じゅうの武士たちの心も、すっかりゆるんでしまっているからだ」
　吉宗は、幕府の政治をかんとくする役の老中たちに、まず、ぜいたくをつつしむようにいいわたしました。そして、自分から進んで、美しい絹のきものを着るのをやめてもめんの衣類を身につけ、食事は、野菜をにた、そまつなものをたべるようにしました。城でおこなわれるさまざまな儀式にお金をかけることは、すべて禁止しました。また、城の大奥にめしかかえていた女たちも、た

くさんやめさせました。

　しかし、けんやくだけでは、幕府の財政をゆたかにすることはできませんでした。そこで、吉宗は、国じゅうの大名に、りょう地の石高1万石について100石ずつの米を幕府におさめさせる「上米」の制度をつくり、これで、幕府につかえる武士たちへの俸禄（給料）をまかなうようにしました。

　また、農民たちからとりたてる年貢米は、米のできぐあいによって年ごとに額をちがえていたのを改め、豊作のときも不作のときも平均におさめさせる「定免制」を定めて、幕府の収入を安定させました。

　さらに、米をもっとおおく収穫するように考えた吉宗は、大名たちにいいつけて新しい田をひらかせ、米づくりを盛んにさせました。

　しかし、けんやくのしょう励や、年貢とりたての改めは、物が売れなくなって世のなかの景気を悪くしたり、ききんのときに農民たちを苦しめたりして、幕府の政治のしょう害になったこともありました。

　でも、考えたことをすぐ実行にうつしていく吉宗は、景気が悪いときは貨へいをつくりかえ、ききんのときは幕府や米商人の米蔵をひらかせて、危機をのり越えていきました。

●力のある武士をとりたて忠相を江戸町奉行に

「よい政治を進めるためには、家がらなどは問題にせず、ほんとうに力のある人物をとりたてなければいけない」
　すぐれた人物を集めて、すぐれた政治をおこなっていくことを考えた吉宗は「足高制」をもうけて、家がらのよくないものでも、力があれば高い位の職をあたえるようにしました。
　藩主が給料として家臣にあたえる米の量は、家禄とよばれて、家の格式によってきめられていました。だから格式の高い家に生まれた武士は、力がなくても高い禄を

もらい、格式の低い家の武士は力があっても低い禄しかもらえませんでした。

そこで吉宗は「足高制」によって、格式の低い家の武士でも力があれば高い職にとりたて、そのあいだは、定められた家禄のほかに、とくべつの禄をあたえるようにしたのです。これによって、幕府につかえた身分の低い武士たちの道はひらかれ、これまでなまけていた武士たちも、よくはたらくようにもなりました。

「町で起こったあらそいごとや、人びとが犯した罪は、すばやく、公平にさばかれなければならない」

このように考えた吉宗は、さいばんの制度も、いろいろと改めました。

まず、江戸城内にさいばんをおこなう所をもうけて、奉行たちのさばきぶりを自分の目でたしかめました。そして、ひどいごう問はしてはならないことや、犯人の家族まで罪におとしいれてはならないことなどを、きめました。また、それまで犯人は奉行の心ひとつでまちまちにさばかれていたのを改め「公事方御定書」という法を定めて、どんなさいばんでもこの法にそってさばかれ、公平におこなわれるようにしました。

いっぽう、江戸の町奉行には大岡忠相をめしかかえて、正しいさいばんを思うぞんぶんに実行させました。

　越前守と名のった忠相が、のちに歴史に残る名奉行といわれるようになったのは、忠相が奉行としてすぐれていたうえに、吉宗の定めたことを守って、人びとのうったえや罪を公平に正しくさばきつづけたからです。
　吉宗は、この忠相に命じて、江戸を火事から守るために「町火消し」のそしきもつくらせました。

● 「目安箱」で町人のうったえも聞く

　「町人たちからも、幕府の政治に対する考えを聞いてみよう。何か困っていることがあるにちがいない」
　将軍になって６年めの夏には、さいばんをおこなう評

定所の門の前に「目安箱」を置かせました。町人たちに、直せつ将軍にうったえたいことを自由に紙に書かせて箱に入れさせ、吉宗が自分で目をとおそうというのです。
「すこしでもへんなことを書くと、おとがめをうけるのではないだろうか」
「目安箱」を見た人びとは、はじめは、こんなうわさをしました。しかし、なんのおとがめもないことがわかると、いろいろなことを申しでるようになりました。

吉宗は、町人たちからのうったえに耳をかたむけるだけではありませんでした。

江戸の町医者小川笙船が「貧しい人びとのために無料の病院をつくってください」と、うったえてきたときは、すぐに江戸小石川の薬園に養生所を建てて、お金がなくて医者にかかれなかった病人たちをすくいました。

また大岡忠相に「町火消し」をつくらせたほか、江戸の町のわらぶきの家を、かわらぶきにかえさせるように命じたのも、ある浪人の「江戸の町に火事がすくなくなるように」というねがいを、とりあげたものでした。

この「目安箱」によっていろいろなことが改められていきましたが、町をとりしまる役人たちも、これまで以上にまじめにはたらくようになりました。自分たちのとりしまりが悪くて、将軍の耳へ苦情がとどくのがこわ

かったからです。

　1732年、日本の西の地方いったいで、稲がイナゴにおそわれて「享保のききん」が起こり、数えきれないほどの人びとが、死にました。

　ところが、甘藷とよばれていたサツマイモを作っていた九州の南のほうの人びとは、米がなくても、このイモをたべてききんをのり越えました。すると、それから数年ののちに吉宗は、そのさいばいのしかたを青木昆陽に研究させ、甘藷を作ることを国じゅうの農民にすすめて、ききんにそなえました。将軍吉宗は「目安箱」を作っては町人たちのことを考え、甘藷を作らせては、広く農民

たちのことを心配したのです。

● **洋書の輸入禁止をゆるめ蘭学をすすめる**

「武士は、どんなに平和なときでも、心とからだをきたえておかなければいけない」

徳川家康がひらいた幕府を、いつまでもしっかりと守りつづけなければいけない、と考えていた吉宗は、武士の心をひきしめておくために、武術もしょう励しました。

第5代将軍綱吉の時代からおこなわれなくなっていた鷹狩りを、ふたたび始めて、武士たちの心をもえたたせ、からだをきたえさせました。また、剣術だけではなく馬術や弓や泳ぎなども学ばせて、技術をきそわせました。

吉宗は、将軍になったとき、幕府につかえていた学者の新井白石を、やめさせてしまいました。

しかし、新しい政治を進めていくのに、学問などいらないと考えたのではありませんでした。武術といっしょに、学問も盛んにしました。

学問を広めるために、まず第1に実行したのが、キリスト教を広めるための本でなければ、キリスト教のことがすこしは書いてあっても、西洋の本を輸入してもよいということにしたことです。

キリスト教が日本に広まるのをおそれて外国とのまじ

わりを禁止していた鎖国の時代に、西洋の本が入ってくるのをゆるすことは、たいへん思いきらなければできないことでした。しかし吉宗は、ヨーロッパの文化や知識をとり入れることが、たいせつだと考えたのです。

西洋の本が入ってくるようになると青木昆陽や野呂元丈らに命じてオランダ語を学ばせ、吉宗じしんも、オランダ語で書かれた蘭学の本から天文、気象、地理、動物のことなどを学びました。

このころからおよそ50年ごの1774年に、杉田玄白や前野良沢らによって、日本で初めて西洋医学書をほん訳した『解体新書』が世にだされましたが、これがなしとげ

られたのも、吉宗が洋書の輸入をゆるしていたからです。
「ちつじょ正しい社会をつくっていくためには、しょ民にも、学問をさせることがひつようだ」
　天下を統一していく将軍として、つねに社会全体の向上を考えた吉宗は、江戸城で自分が教えをうけている儒学者室鳩巣らの講義を、江戸の町で町人たちにも聞かせるようにしました。
　また、鳩巣に本を作らせて町の寺子屋へくばらせ、寺子屋に集まった人びとが新しい本で言葉や文字を学べるようにしました。江戸時代の終わりころには、全国でおよそ1万校を数えるようになったといわれる寺子屋は、町人や農民にとって、唯一の学校でした。

●長く歴史に残る「享保の改革」

　吉宗は、1745年、長男の家重に将軍の地位をゆずり、いん居して大御所とよばれるようになりました。そして、生まれつきからだが弱く、口も不自由だった家重をうしろから助けたのち、1751年に66歳で亡くなりました。
　けんやくから、蘭学のすすめまで、吉宗が29年にわたる将軍のあいだに進めてきたことは、のちに「享保の改革」とよばれ、その勇気ある政治は長く日本の歴史に残るようになりました。

　吉宗が将軍のあいだに、江戸の両国橋がかけかえられたときのこと。工事の失敗がつづき、町人たちが「あの橋は渡れるようになるのだろうか」などとうわさするようになりました。そこで、ある日、吉宗は自分で橋を見に行きました。このとき役人たちは、きっとしかられるものと小さくなっていました。ところが吉宗は、なにひとつしからず「よくできておる、みなのものごくろうである」とだけ言って城へひきあげました。すると、町の悪いうわさは消え、工事もはかどったということです。
　越前国や紀州藩で若いころに苦労した吉宗は、人びとの心がよくわかる将軍でした。

平賀源内
（1728—1779）

医学、科学、事業、文学に才能を発揮し、むくわれないまま牢獄で死んだ江戸時代の科学者。

●だいすきだった植物採集

　平賀源内は、1728年に、讃岐国（香川県）の志度浦で生まれました。父は、高松藩につかえ、藩の米蔵の番をつとめる足軽でした。

　母は、10人の子どもを産みました。しかし、父が身分の低い武士で家が貧しかったため、栄養不良や病気で8人の子どもを亡くし、大きく成長したのは源内と妹のふたりだけでした。

　源内は、少年のころからものおぼえがよいうえに、人をおどろかすようなものをくふうして作ったり、めずらしいものを集めたりするのがすきでした。

　家の貧しい生活を助けるため、母といっしょに草つみをしているうちに、10歳をすぎたころには、すっかり植物採集のとりこになってしまいました。

　ある日、つんできた植物を並べて楽しんでいる源内に、父が、じょうだん半分にいいました。
「そんなに植物がすきなら、本草学者にでもなるか」
　本草学者というのは、病気をなおす薬草を研究する人のことです。源内は「はい、ぜひなりたいです」と答えて目を輝かせました。
　14歳のとき、ねがいがかなって高松藩につかえる医者のもとで学び、数年ののちには、才能をみとめられて藩の薬草園係にとりたてられました。
　讃岐の野山にはえている薬草のことなら、どんなことでも知っているようになっていた源内は、薬草園係をつ

とめながら、本草学の勉強をつづけました。広い知識をもとめて物語や文学の本も読みました。すると、学問がすきなこともみとめられて、次には、城のなかにある博物館の係をいいつけられ、讃岐国でとれた鉱石や草や木などを研究するようになりました。

　しかし、博物館の係は、わずか２年たらずでやめなければなりませんでした。父が亡くなり、お蔵番の役をひきつがなければならなくなったからです。

　このころの源内は、もうすっかり学問と研究の道に進むことを心にきめていたのですが、母に、父のあとをついでくれなければ家はつぶれてしまうといわれれば、自分の夢をあきらめるよりしかたがありませんでした。

●長崎で新しい目をひらく

　父が亡くなって３年すぎ、24歳になった源内に、思いもかけない幸運がおとずれました。

　お蔵番のかたわら学問だけはつづけていた源内は、藩の家老に才能をみこまれて、１年間、長崎へ勉強に行けることになったのです。

　「鎖国の時代に、外国の船が入ってくるのをゆるされているのは長崎だけだ。そこへ行けば、きっと新しいことをたくさん学べるにちがいない」

　源内は、父のかたみの古い羽織とはかまを身につけ、腰には２本の刀をさし、大きな希望に胸をふくらませて讃岐を出発しました。
　西洋の新しい医術やくすりのことを勉強してくるのが、藩からいいつけられていたことでした。ところが、長崎へついて中国やオランダなどから渡ってきためずらしいものを見た源内は、手あたりしだいにとびつきました。
　目にしたこともない機械を見れば、そのしくみを研究し、中国の美しい焼きものや西洋の毛織物を見れば、その作り方を考えました。また、まっ白い砂糖を見て「日本の砂糖は色が悪いのに、どうしてあんなに白くなるの

だろうか」と考えたかと思えば、油絵を見ると、そのかきかたや絵のぐのことまで研究しました。

1年ののち、頭にさまざまなことをつめこんで讃岐へ帰ってきた源内は、まるで偉大な学者のように、人びとからもてはやされました。しかし、源内には、せっかく長崎でいろいろなことを学んできたのに、この讃岐では研究を深めることも人びとの生活に役だてることもできないのが、ざんねんでしかたがありませんでした。そのうえ、長崎から持って帰った毛織物や焼きものの研究を自分で始めると「あれが武士のやることか」と、かげ口をいわれるようになってしまいました。

源内は、金もうけや自分が有名になるために、そんな研究をしていたのではありません。外国から高いものを買うよりも、日本人の手でもっとよいものを作るようにしたほうが、日本のためになると考えたのです。

しかし、外国のものをめずらしがるばかりの讃岐の人びとには、源内の心のうちは、なかなか理解してもらえませんでした。

●江戸へでて本草学者に

「よし、思いきって江戸へでて、もっと勉強しよう」

長崎から帰った年の秋、源内は、本草学と物産学の修

行のために、江戸へでることを家老にねがいでてゆるされ、ふたたび讃岐をあとにしました。家は、妹にむこをむかえさせてお蔵番役をひきつがせました。

　江戸では、まず、幕府が建てた学問所の昌平黌へ入って、勉強を始めました。また、本草学者の田村藍水のところへかよって薬のことを学び、儒学者の服部南郭の門をたたいて中国の学問もおそわりました。藍水のところにはおおくの弟子がいましたが、源内ほど、薬の知識をもっているものは、ほかにいませんでした。

　江戸へでてきたつぎの年、藍水といっしょに物産会を開きました。それは、医者や本草学者や薬商人たちから

薬になる植物、動物、鉱物を集めて、ちん列しただけのものでしたが、それでも日本で初めての物産会でした。
　中国や西洋から高価な薬を輸入しなくても、日本でも、外国に負けないよい薬をたくさん作れることを、国じゅうに宣伝しようと考えたのです。
「こんなよい薬があったのか。これがほんものなのか」
　会場へやってきた人びとは、新しい薬のことや、薬の正しい見わけ方などを学び、物産会は大成功でした。そこで源内は、2回めからはオランダや中国の薬も加えて、そのごも、この物産会をまい年のようにつづけました。そして、5回めが終わったのちに、物産会に集まったものに解説をつけ、薬用ニンジンやサトウキビの作り方なども書きそえて『物類品しつ』という本を出版しました。
　物産会の成功と『物類品しつ』の出版は、薬の研究と日本の新しい産業を起こすことに大きな役割を果たし、本草学者源内の名は、広く知れわたりました。
　しかし、こののち、源内の生き方は大きくかわっていきました。
「やがては医官として幕府につかえ、研究を深めるために幕府の役人になって全国を歩きまわろう」
　このような夢をいだいた源内は、5回めの物産会を開くまえの年に、江戸にでてきてからもつかえていた高松

藩をしりぞきました。

　ところが、このとき、源内が幕府などでえらくなることをおそれた藩から、「高松藩はやめてもよいが、こののち、どこにもつかえてはならぬ」といいわたされました。幕府仕官の夢をぶちこわされた源内は、そのご自由気ままに生きていくようになってしまったのです。

●うけ入れられなかった発明と事業

　西洋から渡ってきた新しいものに興味をもっていた源内は、35歳のときに、地面が水平かどうかをしらべる平線儀を作り、その次の年には、武蔵国（埼玉県）秩父

の山で発見した石綿で、火にもえない火浣布を織って、江戸へやってきたオランダ人をおどろかせました。

　数年ののちには、日本で初めての寒暖計やガラスに水銀をぬった鏡も作り、さらに48歳のときには、まさつで電気を起こすエレキテルを完成させて、こんどは江戸じゅうの人をおどろかせました。

　エレキテルの完成には、およそ7年もかかりました。電気のことを書いた本もなければ、教えてくれる人もありません。オランダの、すっかりこわれてしまっているエレキテルを手に入れた源内は、研究と実験を数限りなくくり返して、その機械の組みたてに成功したのです。

　まず、電気が下ににげてしまわないようにした台に人間をすわらせ、エレキテルにつないだ線をにぎらせます。そして機械のハンドルをまわしているときに、ほかのものが台の人間の近くに手をもっていくと、人間と手のあいだでパチッと音をたてて火花が散りました。

　これを見た江戸の人びとは「人間のからだから火をとる機械だ」「源内先生は魔術をつかい始めた」といって、目を丸くしました。武士や大名も、源内をよびつけて実験させ、電気というもののふしぎさに目を見はりました。でも、ただそれだけのことでした。

　この科学の研究にとりくむいっぽう、秩父の山で金や

　銀や鉄などを発見した源内は、それを掘りだす大事業にもとりくみました。しかし、人びとから、夢のようなことを考えて大金持ちになろうとしている山師だ、と笑われ、ありったけのお金をつぎこんだのに、計画は失敗に終わってしまいました。

　火浣布やエレキテルを作ったのも、金や銀を掘りだそうとしたのも、自分の事業の成功だけを考えたのではなく、国の新しい産業がおこることをねがって始めたことでした。ところが、幕府も大名も商人も、源内のねがいを理解してくれませんでした。それに、源内の考えることが、どれも新しすぎたり大きすぎたりしたため、だれ

もが用心して、協力しようとはしませんでした。
　長崎で学んだ知識をもとにして、羊を飼って日本で毛織物の生産を始めようとしたときも、また、新しい焼きものを作って外国へ輸出する計画を幕府へさしだしたときも、やはり、だれからも無視されてしまいました。
「オランダの進んだ学問を学んでいる人がおおいのに、どうして、自分たちで新しいことをおこなおうとはしないのだろう」
　源内は、ときどき、腹がたってしかたがありませんでした。そして、自分の思うようにならない世のなかを、すこしずつ、うらむようになっていきました。

● 文学で不満をぶちまける

「かわったことをするのはやめて、もういちど、高松藩へつかえたらどうですか」
　あるとき、故郷の年老いた母に、このようにさとされ、母の気持ちがわかる源内は、心のなかで泣きました。しかし、ふたたび武士にもどる気は、まったくありませんでした。それどころか、『根南志具佐』『風流志道軒伝』『放屁論』などを書いて、自分の腹だたしさや世のなかへのうらみをぶちまけ、古いものにしがみついている医者や学者や武士を、するどくひはんしました。

　浪人の身でびんぼうをしていた源内は、本を出版して、生活していくお金と新しい事業を始める資金を手に入れることも、考えたのです。
　『根南志具佐』や『放屁論』などは、自分の思うことを書きつらねただけのものでしたが、42歳のときには、『神霊矢口渡』などの歴史ものがたりを書いて劇場で上演され、源内の名は、おもしろい劇を書く文学者としても有名になりました。とくに『神霊矢口渡』は、そののち、江戸じょうるりの代表作とたたえられ、源内は、江戸時代の劇作家のひとりとして、歴史に名を残すようになりました。

新しいことなら、どんなことにもとびついた源内は、40歳をすぎたころから油絵もかき、鉱山を起こすために秋田へ行ったときには、秋田藩の武士に洋画のえがき方を教えたこともありました。

しかし、劇をかいても絵をえがいても、いろいろな発明が人びとをびっくりさせただけに終わった悲しさを、忘れることはできませんでした。また、何度も手がけた新しい事業が何ひとつ成功しなかったくやしさも、やはり忘れることができませんでした。そして、やがて年が50歳にとどくようになった源内は、さみしがりやの暗い人間になってしまいました。

● 牢獄でむかえた悲しい死

源内は、1779年の12月、51歳の生涯を牢獄のなかで終えました。

ある日、ふとしたことから弟子をきり殺してしまい、およそ1か月のあいだ牢につながれたまま死んでいったのです。弟子にきりつけたとき、源内は気がくるっていたのだろう、といわれています。しかし、牢にとじこめられてからは、もうふたたび外へでられないことをさとりました。源内は、しだいに心もからだもおとろえ、眠るように死んでいったということです。

　源内と親しくしていた蘭学者杉田玄白は、源内の墓の横に墓碑をたてて「ああ、非常の人、非常のことをこのみ、おこないは非常、どうして非常の死をとげたのか」と、しるしました。
　源内は、この玄白のことばどおりに、すばらしい才能で人びとの考えつかないようなことばかりおこない、それは、だれにもまねのできないものでした。ところが、ふつうの人の考えと、あまりにも、かけはなれすぎていたため、何をやっても人にうけ入れてもらえませんでした。源内は、生まれる時代が少し早すぎたのかもしれません。

中江藤樹 (1608—1648)

　人を愛し敬う心をたいせつにして、のちに近江聖人とよばれるようになった中江藤樹は、江戸幕府が開かれてから5年ごの1608年に、近江国（滋賀県）で生まれました。

　父は農民でしたが、藤樹は8歳で、武士の祖父のもとへ養子としてひきとられました。そして、6年ののちに祖父が亡くなると、祖父にかわって、伊予（愛媛県）の大洲藩につかえるようになりました。

　藤樹は、子どものころから学問がすきでした。10歳をすぎたころから、中国の孔子の教えを説いた儒学を学び、人間が守らなければならない道を、深く考えるようになりました。学問の力がみとめられて、わずか18歳で村の政治や裁判をつかさどる郡奉行にとりたてられたとき、藤樹の前にでたものは、だれもうそがつけなかったということです。

　ところが、1634年、26歳の藤樹は、大洲藩をしりぞいて、生まれ故郷の近江へ帰ってしまいました。

　父はすでに亡くなり、近江には母がいました。藤樹は、母へ孝行をつくすために近江へ帰りたいという願いを、藩へだしました。でも、藩は、藤樹の才能を惜しんで、その願いを許しませんでした。そこで、ひそかに藩をぬけだして、母のもとへ帰ってしまったのです。しかし、ほんとうは、このとき藤樹は、学問をあまり重くみない武士の生活が、いやになっていたのだろうといわれています。

　武士を捨てた藤樹は、家で酒を売って母をやしないながら、塾を開いて、村の人びとに学問を教え始めました。

　藤樹は、だれにでもしんせつに、人間の正しい生きかたを説き聞かせました。そして、自分は、ちつじょ正しい社会をきずくための人の道を教える朱子学を学んだのち「人の道は、知るだけではいけない。正しいことを知ったら、すぐ実行しなければいけない」と説く陽明学へ進み、やがては日本の陽明学をうちたてました。

　藤樹の名は広まり、たくさんの弟子が集まりました。のちに陽明学の大家になった熊沢蕃山も、そのひとりでした。蕃山が弟子入りにきたとき、藤樹は、自分は田舎ものの学者にすぎないことを告げて、ことわりました。でも、蕃山は、ひと晩じゅう外にすわったまま立ち去ろうとせず、ついに藤樹は、その熱心さに心をうたれて入門を許したということです。

　藤樹は、『翁問答』『鑑草』などおおくの本を残して、40歳で亡くなりました。弟子をたいせつにした教育者でした。

河村瑞賢 (1618—1699)

　江戸時代の初めに、才智と努力で大実業家になった河村瑞賢は、1618年に、伊勢国（三重県）の東宮村で生まれました。父母は、朝から晩まで泥まみれではたらく、貧しい農民でした。

　瑞賢は、12歳のとき父のいいつけで、自分の力で身をたてるために江戸へでて、荷車引きになりました。

　しかし、20歳をすぎても一人前になることができず、こんどは上方（関西）へ行く決心をしました。ところが、小田原まできたとき、旅の僧に「江戸でだめだったから上方へ行くという甘い考えはどうかな？」と、さとされ、西へむかうのをやめました。そして、品川までもどってきたときのことです。

　瑞賢は、海べに浮かんでいる、たくさんのナスやウリを見て思わず叫びました。

「お盆で仏さまに供えてあったものだな。そうだ、これを集めて、塩づけのつけ物にして売ればいいじゃないか」

　つけ物売りは成功しました。そして、それからの瑞賢は、一歩一歩、大商人への階段を登り始めました。

　1657年、江戸の町に、明暦の大火とよばれる、大火事が起こりました。するとこのとき、材木商人をしていた瑞賢は、自分の家も焼けたのもかまわずに木曾へ行き、たくさんの材木を買い集めました。焼け野原の江戸で材木はとぶように売れ、瑞賢は大金持ちになったばかりか、幕府の御用商人になることができました。

　1670年、52歳の瑞賢は、幕府から、奥羽（東北地方）でとれた米を、安全に、しかも早く江戸にはこぶ仕事を命じられ

ました。ほかの商人がはこぶと、船のそう難や、とちゅうの事故がおおく、それに月日がかかりすぎたからです。

　瑞賢は、安全な航路や、港や、天候をしらべました。しっかりした船を作り、うでのよい船乗りも、集めました。そして、太平洋側の東まわりと日本海側の西まわりの、ふたつの航路で、ぶじに、山のような米をはこんでみせました。よく準備をして、よく考えた瑞賢の仕事は、たった１回もそう難することなく、大成功でした。

　大商人になった瑞賢は、そののちは川や港の工事、鉱山の開発などにも力をつくして、ついには幕府から旗本にとりたてられ、1699年に、81歳でこの世を去りました。

　商人として、また事業家として生きた瑞賢は、いっぽうでは学問をこのみ、たくわえたお金で、おおくの学者のせわをしました。朱子学者新井白石も、せわを受けたひとりでした。

菱川師宣 (1618ころ―1694)

　江戸時代に、町の人びとのすがたや生活のようすをえがいた、浮世絵とよばれる日本画が発達しました。菱川師宣は、その浮世絵を世に広めた、江戸時代初めのころの画家です。

　1618年ころ、安房国（千葉県）で生まれた師宣は、少年時代は、父の仕事を手つだって刺しゅうの下絵をかいていましたが、やがて画家をこころざして江戸へでました。

　江戸で、だれに絵を習ったのか、それはわかりません。自分の力だけで修行したのかもしれません。しかし、とにかく狩野派、土佐派の日本画や、日本のむかしからの大和絵、それに中国から伝わってきた漢画などを学び、40歳をすぎたころには、師宣しかえがけない浮世絵の世界をきずきあげていました。

　狩野派や土佐派の絵は、武士や貴族たちによろこばれるものでしたが、師宣がめざしたのは、町人を楽しませるための絵でした。だから、えがくものも、遊び場の女、歌舞伎の役者、町ではたらく人びとなど、町人の社会で見かけるものがほとんどでした。なかでも美人画にすぐれ、道を行く女が、ふと、ふりかえったすがたをえがいた『見返り美人』は、日本に残る浮世絵の最高けっ作のひとつとして、たたえられています。

　師宣は、初めは『仮名草子』とよばれた読みものの本のさし絵として浮世絵をかき、つぎには、どのページにも絵を大きく入れた絵本の浮世絵、さらにそのつぎには、本をはなれて1枚ずつの浮世絵をえがくようになりました。このほか、巻物、びょうぶ、掛物などにも筆をはしらせましたが、師宣をさらに有名にしたのは、いろいろなものにえがいたことよりも、浮世絵を

版画にすることを考えだしたことです。
　そのころまでの浮世絵は、ほとんどが１枚１枚えがいた肉筆のものでした。そのため数が少ないうえに、ねだんが高く、町人たちは、なかなか手に入れることができませんでした。そこで師宣は、１枚の絵を版画にしてなん枚も刷り、町人たちでも、安いねだんで求められるようにしたのです。
　版画によって浮世絵が広まると、師宣をしたって集まる絵師がおおくなり、やがては、菱川派とよばれる、浮世絵の大きな流派が生まれました。そして、菱川派は、さらにいくつもの流派に分かれて栄え、浮世絵を、すぐれた日本画のひとつへ発展させていきました。
　師宣は、1694年に亡くなりました。76歳くらいだったろうといわれています。師宣がいなければ、のちの喜多川歌麿や葛飾北斎などの大浮世絵師も、生まれなかったかもしれません。

三井高利 (1622—1694)

　三井高利は、一代で巨万の富をきずきあげた、江戸時代初めのころの大商人です。

　1622年、伊勢松坂で質屋と酒屋をいとなむ商家の4男に生まれた高利は、11歳のときに父を失うと、まもなく江戸へでて兄の小間物屋ではたらき始めました。

　幼いときから家の商売を見てきた高利は、兄がおどろくほど、商いのものおぼえがよく、16歳をすぎたころには、兄から店をまかされるほどになっていました。

　しかし、27歳で、いちど松坂へ帰って母につかえました。そして、さまざまな商売を学んで、ふたたび江戸へすがたを現わしたのは、51歳になったときでした。

　1673年8月、江戸本町に呉服屋を開きました。越後屋と名づけた小さな店でした。

　越後屋は、まわりの大きな呉服屋をしのいで、またたくまに、たくさんの客でにぎわうようになりました。高利が、新しい方法で、商いを始めたからです。

　このころの呉服屋は、売れた品物はすぐ客に渡して、代金は、6月や12月に、まとめて払ってもらうというのがふつうでした。だから、代金に利子がつく分だけ、ねだんが高くなってしまいます。また、反物は、1反単位でしか売りませんでした。そのため、少しの布しかいらない人びとは困っていました。

　高利は、ここに目をつけて、品物は現金で安く、しかも、お客の注文があれば、どんな半ぱな布でも売り、そのうえ、着物の仕立てまでひき受けたのです。

　呉服屋で大成功した高利は、61歳のときには両替屋を開いて、いまの銀行と同じような仕事もするようになりました。そして、のちには京都と大坂にも呉服屋と両替屋を開き、江戸幕府とも取り引きをむすんで、大名さえも頭をさげるほどの大商人へ、のしあがっていきました。
　江戸時代は、高利のような商人の力で町が栄え、町人の生活が豊かになり、町人たちの文化が発達していったのです。
　遊びごとにはいっさいふりむかず、商売ひとすじに生きた高利は、1694年に72歳で亡くなりました。このとき残されていた財産は、8万両を超えていたといわれます。
　しかし、この財産は、高利の遺言で肉親たちに分けてしまわず、三井家みんなのものとされ、そのごの三井家の事業につぎこまれました。そして、呉服屋は百貨店へ、両替屋は銀行へと発展して、三井財ばつといわれるものを形づくっていきました。

天草四郎 (1623ころ—1638)

　江戸幕府が開かれて34年めの1637年、島原半島(長崎県)と天草(熊本県)の農民が、キリスト教信者といっしょに反乱を起こしました。約5か月、はげしい戦いがつづいた島原の乱です。
　天草四郎は、このときの指導者です。でも、武将ではありません。キリスト教を信仰した、まだ16歳の少年です。
　四郎の父は、もとは、この土地をおさめていた武将小西行長の家来でしたが、行長が1600年の関ヶ原の戦いに敗れて殺されてからは浪人となり、天草で農業をつづけていました。四郎がキリスト教を信仰するようになったのは、行長も、父も、キリスト教の熱心な信者だったからです。
　しかし、キリスト教の信仰は、四郎の生まれたころから、幕府の命令できびしくとりしまられるようになっていました。
　いっぽう、天草地方には1634年ころから農作物の不作がつづき、農民たちは口に入れるものもないほど、追いつめられていました。でも、島原城主松倉重政は、きびしい年貢の取りたてを決してゆるめてはくれません。おさめきれない年貢のかわりに嫁を人質にとられ、その嫁を殺された農民もいました。
　怒りを爆発させた農民たちが立ちあがりました。キリスト教の弾圧に苦しんでいた人びとも、立ちあがりました。これが乱の起こりです。四郎も、人びとの先頭に立った父や浪人といっしょに武器を取り、島原半島の原城にたてこもりました。
「神は、弱く貧しいものの味方になってくださるはずだ」
　四郎は、神を信じました。そのうえ、四郎には神のような力がそなわっているという、うわさが広がっていたため、人びと

から「この世を救うために天からつかわされた神の使者」に、まつりあげられてしまいました。このとき「神の使者」四郎の胸のうちがどんなものだったのか、それはわかりません。しかし人びとは、四郎のもとに、ひとつにまとまりました。

年が明けて1638年の正月、乱を静めるために幕府の命をうけた12万以上の大軍に、原城はとりかこまれました。幕府軍は、原城のたべものや弾薬がなくなるのを待とうというのです。

四郎は、城の中で、神に祈りをささげ、農民たちに神の教えを説きました。そして、2月の終わり、敵が城内へ攻めこんでくると最後まで戦い、農民たちといっしょに討ち死にしました。死後、首を落とされ、さらに反乱にくわわった人たちも皆殺しにされ、神の使いの役を果たすことはできませんでした。

この乱のあと、幕府のキリスト教禁止は、ますますきびしくなりました。四郎が原城に立てていた旗がいまも残っています。

徳川光圀 (1628—1700)

　水戸黄門の名でしたしまれている徳川光圀は、徳川家康の孫にあたり、第2代の水戸藩主です。

　1628年に、初代の水戸藩主徳川頼房の三男として生まれましたが、6歳のときには、江戸幕府3代将軍徳川家光の命令で、兄をさしおいて父のあとをつぐことが決まっていました。

　少年時代の光圀は、やがては藩主になるというのに、学問をきらって、いつもわがまま勝手にふるまい、そばにつかえた家来たちを、たいへん困らせました。

　しかし、17歳のときに中国の歴史書『史記』を読んでからは、急に、学問にはげむようになりました。伯夷、叔斉という兄弟が、おたがいに父のあとをつぐのをゆずりあって美しく生きた話に胸をうたれ、自分のおこないを反省して、心を入れかえたのだといわれています。

　1661年に33歳で藩主になった光圀は、学問と武芸を重んじて武士たちの心がまえを正させながら、領民たちのために、思いやりのある政治を進めていきました。

　とくに、貧しい人びとへやさしい目を向け、年貢に困っている農民、身寄りのない老人、孤児、医者にかかれない病人たちへ、救いの手をさしのべました。また、領内をまわって、代官の不正をいましめ、苦しめられている町人や農民を助けました。

　そのころ、将軍徳川綱吉がだした「生類憐みの令」で、人間の命よりも犬の命のほうがたいせつにされていましたが、光圀は、この悪法にも反対して、ばかげた政治から人びとを助けようとしました。光圀が、自分で犬を殺して、その皮を綱吉へ送

りとどけたこともあったということです。
　いっぽう『史記』を読んで、国の歴史のたいせつさを深く考えるようになっていた光圀は、29歳のときから生涯をかけて、おおくの学者とともに約2000年の日本の歴史をまとめる大事業にとりくみました。
　この大事業は、光圀1代では、とても果たせませんでした。しかし、光圀の死ごも長くひきつがれ、明治に入った1906年に397巻の『大日本史』として完成されました。
　光圀は、62歳で藩主をしりぞいて、水戸のはずれの西山荘にいん居しました。そして、そのご亡くなるまでのおよそ10年間を、村びとたちとまじわりながら、のどかにすごしました。
　藩主時代の心やさしい政治と、西山荘での、いかにもごいん居らしい生活がもとになって、のちに、おもしろおかしい『水戸黄門漫遊記』が作りあげられたのです。

貝原益軒 (1630—1714)

　貝原益軒は、筑前国（福岡県）の福岡城のなかで生まれました。父が、藩医として、黒田侯に仕えていたからです。

　益軒は、幼いときから、からだはあまりじょうぶではありませんでしたが、才能には、めぐまれていました。少年のころのことに、こんな話が伝わっています。

　益軒が、ある日兄の本をだまって借りて読んでいたときのことです。その本をさがしていた兄が益軒をみて、おどろいた顔をしました。『塵劫記』という、たいへんむずかしい数学の本だったからです。益軒にわかるはずはないと思った兄は、本に書かれていることをいくつか質問してみました。すると益軒は、どの問題も、すらすらと解いてしまいました。ところが、このことを知った父は、益軒の才能をよろこぶどころか、世の中で「秀才は、早死にしやすい」といわれていることを考えて、益軒の将来を心配したということです。

　益軒は、正式に、先生について学問をしたことはなく、兄の教えや自分の力で、儒学、国文学を学んでいきました。そして18歳のとき、藩主の黒田忠之に仕えました。しかし、数年で、浪人になってしまいました。短気だった忠之の怒りにふれたのだと伝えられています。

　およそ7年の浪人生活のあいだに、益軒は、なんども長崎へ行って、医学を学びました。また、そのご、江戸や京都へでてさまざまな学問を身につけ、知識をふやしていきました。

　34歳になって筑前へ帰った益軒は、ふたたび、藩にめしかかえられました。父のあとをついで藩医です。しかし、益軒は、

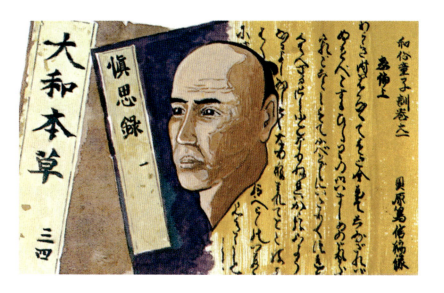

　医者のしごとよりも、藩の武士や、その子どもたちへの教育に力をつくしました。また、時間を惜しんで筆をにぎり、生涯のうちに、98部247巻もの本を書き著わしました。
　そのおおくの本のなかで、もっとも知られているのが『益軒十訓』です。益軒は『君子訓』『家道訓』『養生訓』など10冊の書をとおして、人間の正しい生き方、あたたかい家庭のつくり方、健康な生活のおくり方などを、やさしく説きました。
　また、野山を歩き、草、木、鉱物などを調べて博物学書『大和本草』を著わし、旅をかさねて、旅行記や名所案内書も出版しました。北九州をめぐって筑前の風土記も書いています。
　益軒は、70歳をすぎても、80歳をこえても、勉強をすることも本を書き進めることもやめませんでした。世の中のことを知れば知るほど、もっと深いこと、もっと広いことが知りたくなったからです。『養生訓』などは、いまも読みつがれています。

「読書の手びき」

新井白石

新井白石は、江戸幕府に仕えているあいだに、金銀貨幣の改良による経済の安定、長崎貿易の緊縮による金銀流出の制限、朝鮮との外交の大改革による国威の維持など、大きな業績を残しました。しかし、その期間は、わずか8年にすぎません。いかにすぐれた政治家であったかがわかります。でも、すぐれた政治家であるまえに、すぐれた文化人であったことをみのがしてはなりません。50歳のころ著わした『白石詩草』は一流の詩とたたえられ、その名声は朝鮮や中国へも伝わったということです。政治家を退いてからの著書は、さまざまな分野に及んでいます。歴史、文学、言語学、政治、地理、兵法、そして考古学や民俗学にも目を向け、その博学さは、18世紀に百科全書の編集にあたったフランスの思想家たちにも勝るとも劣らないといわれています。海外事情にも意を用いた白石は、鎖国の世にあっても自分の目を閉じることはなく、広く深い人生を生きぬきました。

徳川吉宗

徳川吉宗が幕府将軍職について17年めの1732年に、主にイナゴ害による大飢饉が西日本一帯に起こりました。のちに享保の飢饉とよばれるようになった災害です。そして、この飢饉によって窮民があふれ、米価が高騰し、各地で窮民が富商の米倉などを襲う打ちこわしが発生しました。ところで、このとき吉宗は、米の買い占めなどを禁止して米価が安定するような政策はとりましたが、積極的な窮民救済策は行いませんでした。むしろ、幕府の収入増を図るために、農民からの年貢取りたてを強化しました。吉宗が行った一連の政治政策を、享保の改革とよんでいます。しかし、その多くは民衆のための改革ではなく、幕藩体制の安定を主目的としたものでした。民衆の側からすれば、ここに、吉宗が名君とたたえられ